Inhalt

Outdoor - vom Spezialisten- zum Massenmarkt

Kernthesen

Beitrag

Fallbeispiele

Zahlen und Fakten

Weiterführende Literatur

Impressum

GENIOS BranchenWissen Nr. 12 vom 13.12.2011

Outdoor - vom Spezialisten- zum Massenmarkt

Markus Hofstetter

Kernthesen

- Der Umsatz der deutschen Outdoor-Branche wird für 2010 auf 1,8 Milliarden Euro geschätzt.
- Der Markt ist bisher stark zersplittert, als weltweiter Branchenprimus gilt der US-Textilkonzern VF Corporation mit der Marke The North Face.
- Der Outdoor-Markt entwickelt sich weg vom Spezialisten- hin zum Massenmarkt.
- Die Einhaltung von Sozialstandards in Produktionsländern und eine nachhaltige Herstellung spielen bei den Herstellern von Outdoor-Produkten eine immer wichtigere

Rolle.

Beitrag

Schwieriges Jahr für Sport- und Modehändler im Segment Outdoor

Für den Sport- und Modefachhandel ist 2011 ein schwieriges Outdoor-Jahr. Das warme Wetter hat den erfolgsverwöhnten Sporthandel vor allem im Segment Outdoor im ersten Halbjahr 2011 ausgebremst. Insbesondere das erste Quartal erwies sich als äußerst schwach. Nach GfK-Angaben ist das Outdoor-Geschäft zwischen Januar und Ende März um 13 Prozent eingebrochen. Auf das erste Halbjahr bezogen, sehen die Zahlen besser aus, auch wenn immer noch ein Minus davorsteht. So meldet der Einkaufsverbund Sport 2000 ein Minus von 0,9 Prozent für die ersten sechs Monate 2011. Die angeschlossenen Händler verzeichneten bei Outdoor ein Minus von 1,1 Prozent gegenüber einem Plus von 5,7 Prozent im Vorjahreszeitraum. Die Mitglieder der Verbundgruppe Intersport setzten von Januar bis Ende Juni insgesamt sechs Prozent weniger um. Im Segment Outdoor meldeten die Intersport-Mitglieder ein Erlösminus von drei Prozent. Der Sommer war auch für das Gros der Modehändler eine schlechte Outdoor-Saison. Das belegen auch die Zahlen des TW-Testclubs, des teilnehmerstärksten Panels im deutschen Textileinzelhandel.

Für das Gesamtjahr sind die Händler allerdings optimistisch. Das zeigte sich auch auf der Messe Outdoor in Friedrichshafen. Die Einkäufer ließen sich von den vorhergehenden, verkaufsschwächeren Monaten nicht beeindrucken. Der Umsatz der Outdoor-Branche wird für 2010 auf 1,8 Milliarden Euro geschätzt. Die Zwei-Milliarden-Marke könnte spätestens 2012 übertroffen werden. (1), (2), (3)

Outdoor-Markt ist auf Herstellerseite zersplittert

Der Outdoor-Markt ist bisher stark zersplittert, große Sportkonzerne wie Adidas, Puma oder Nike spielen kaum eine Rolle. Als weltweiter Branchenprimus gilt der US-Textilkonzern VF Corporation, zu dem die Marke The North Face zählt. Der geschätzte Weltmarktanteil liegt bei fünf Prozent, der Umsatz der Marke im Jahr 2009 bei knapp über eine Milliarde Euro. Danach folgt schon Jack Wolfskin. Das deutsche Unternehmen erzielte 2009 einen Umsatz von 251 Millionen Euro. Auf Rang drei liegt Pantagonia mit einem Umsatz von 243 Millionen

Euro. Es folgen Mammut mit 171 Millionen Euro Umsatz und Salewa mit 151 Millionen Euro Umsatz. Zur Spitzengruppe gehören auch die deutschen Familienunternehmen Schöffel mit 80 Millionen Euro Umsatz und Vaude mit 75 Millionen Euro Umsatz. Im Outdoor-Markt sind auch viele kleine und mittelständische, oft familiengeführte Unternehmen vertreten. So gelten die vom Familienunternehmen Meindl seit über 300 Jahren produzierten Wanderschuhe als Nonplusultra bei Bergsportlern. Auch Deuter, Lowa und Tatonka haben sich einen Namen gemacht. Als neue Trendmarke im Bereich Outdoor-Bekleidung konnte sich das junge Label Maloja platzieren. (4), (12), [Abb. 1]

Übernahmekarussell dreht sich 2011

Doch der Outdoor-Markt konsolidiert sich. Der Bereich entwickelt sich immer weiter weg vom Segment für Spezialisten hin zum Massenmarkt. Dabei spielen modische Aspekte wie Farben und Schnitte eine immer wichtigere Rolle. Diese Entwicklung kommt großen Sportartikelherstellern oder Finanzinvestoren entgegen, wie die Übernahmen 2011 zeigen.

So forciert Adidas sein Ziel, zum Marktführer im

Outdoor-Markt aufzusteigen. Deswegen hat das Unternehmen den Outdoor-Schuh-Spezialisten Five Ten übernommen. Das 1985 gegründete US-Unternehmen beschäftigt 37 Mitarbeiter und wird 2011 einen Umsatz von voraussichtlich 16 Millionen Euro verzeichnen. Adidas lässt sich den Deal eigenen Angaben zufolge 25 Millionen US-Dollar kosten. Adidas erwartet im Zuge seines strategischen Geschäftsplans "Route 2015" eine Umsatzsteigerung im Bereich Outdoor auf über 500 Millionen Euro bis zum Jahr 2015.

Das Outdoor-Unternehmen für Sportartikelhersteller interessant sind, zeigt auch die Übernahme der schwedischen Outdoor-Firma Haglöfs für rund 100 Millionen Euro durch den japanischen Konzern Asics.

Spektakulärer war die Übernahme des US-Outdoor-Spezialisten The Timberland Company für rund 2,2 Milliarden Dollar durch die VF Corporation. Bis 2015 will die VF Corporation den Umsatz von heute 7,7 Milliarden Dollar auf 12,7 Milliarden Dollar steigern. Nach der Integration von Timberland wird der Jahresumsatz der VF Corporation voraussichtlich bei rund zehn Milliarden Dollar liegen. VF Corporation will künftig den Timberland-Umsatz jährlich um zehn Prozent steigern. Bei VF Corporation wird Timberland in das Outdoor- und Action-Sports-Segment integriert. Dadurch soll diese Sparte künftig rund die

Hälfte zum Konzernumsatz beitragen. Bis 2015 ist eine Erhöhung auf 60 Prozent geplant.

2011 hat die Investmentgesellschaft Blackstone Jack Wolfskin von Quadriga Capital und Barclays Private Equity übernommen. Über den Kaufpreis wurde Stillschweigen vereinbart, in Medien wird eine Summe von rund 700 Millionen Euro als realistisch bezeichnet. Quadriga Capital und Barclays Private Equity hatten das Unternehmen vor rund sechs Jahren für 93 Millionen Euro von Bain Capital gekauft. 2010 steigerte Jack Wolfskin seinen Umsatz um 21 Prozent auf 304 Millionen Euro.

Mit Findos Investor hat eine weitere Beteiligungsgesellschaft Interesse an Outdoor gezeigt. Das Münchener Unternehmen hat mehrheitlich Maier Sports übernommen, einen Spezialisten für Outdoor- und Skibekleidung. Im Geschäftsjahr 2010 steigerte Maier Sports nach der Insolvenz mit der Auffanggesellschaft Maier Sports GmbH&Co KG den Umsatz um 23 Prozent. Für das elfmonatige Rumpfgeschäftsjahr 2009 wurde im Bundesanzeiger ein Umsatz von 24,8 Millionen Euro gemeldet. (4), (5), (6), (7), (8)

Top fünf Händler für Outdoor-

Produkte

Wer waren im Jahr 2010 die größten Outdoor-Händler in Deutschland? Auf Rang eins liegt Intersport Deutschland mit einem Umsatz von 600 Millionen Euro. Es folgt Globetrotter Ausrüstung Denart & Lechhart GmbH mit 250 Millionen Euro Umsatz. Sport 2000 liegt auf Platz drei mit 200 Millionen Euro Umsatz. Die Karstadt Warenhaus GmbH kommt mit 80 Millionen Euro Umsatz auf Platz vier, die Kaufhof Warenhaus AG mit 70 Millionen Euro Umsatz auf Platz fünf. Die anderen Händler kommen zusammen auf rund 600 Millionen Euro Umsatz, sodass 2010 der Gesamtmarkt in Deutschland einen Umsatz von 1,8 Milliarden Euro erzielte. [Abb. 2]

Trends

Sozialstandards und Nachhaltigkeit gewinnen an Bedeutung

Die Verbraucher legen immer mehr Wert auf Nachhaltigkeit und die Einhaltung von sozialen Standards bei den Herstellern. Deswegen haben die

Mitglieder der Fachgruppe Outdoor (FGO) im Bundesverband der Deutschen Sportartikel-Industrie (BSI) in Kooperation mit der European Outdoor Group (EOG) das CSR-Projekt Social Compliance gestartet. Mit der Initiative, die sich auf Textil und Schuhe beschränkt, soll die Einhaltung der Sozialstandards in Niedriglohn-Produktionsländern sowie eine nachhaltige Herstellung gefördert werden. Angeschlossen haben sich bis jetzt Deuter, Haglöfs, Lowa, Maier Sports, Mammut, Marmot, Nordisk, The North Face, Tatonka und Vaude. Weitere Unternehmen sollen folgen. Partner und Berater der Outdoor-Spezialisten ist die international agierende Non-Profit-Organisation Made-By mit Deutschland-Sitz in Freiburg. Made-By prüft und bewertet auf Basis ihrer Benchmarks die Produktionszahlen, Auditberichte und Sozialzertifikate sowie die Herkunft der Produkte der teilnehmenden Unternehmen. Die Ergebnisse werden auf einer Score Card zusammengefasst, auf der Sozialstandards wie existenzsichernde Löhne, keine Kinder- und Zwangsarbeit, das Recht auf Vereinigungsfreiheit und keine Diskriminierung wegen Religion, Geschlecht oder Herkunft gelistet sind. (9)

Fallbeispiele

Adler - erweitert Angebot um Outdoor

Adler Modemärkte hat das Outdoor-Segment als Wachstumsfeld für sich entdeckt. Unter dem Namen Eibsee kam im April 2011 eine funktionale Outdoor-Kollektion für Frauen und Männer in die Filialen. Entwickelt wurde sie zusammen mit den früheren Skiprofis Rosi Mittermaier und Christian Neureuther, die auch Testimonials der Eibsee-Linie sind. Der in Haibach ansässige Filialist zielt mit der neuen Sport-Kollektion vor allem auf Wanderer und Nordic-Walker ab. Zur Eibsee-Linie gehören unter anderem Blusen und Hemden, Polos, Hosen sowie Jacken für Frauen und Männer. Das Angebot wird ergänzt durch Rucksäcke, Wanderstöcke und Alu-Trinkflaschen. Adler betreibt rund 130 Filialen in Deutschland, Österreich und Luxemburg. 2009 hat das Unternehmen in Deutschland brutto 404 Millionen Euro umgesetzt, Zahlen für 2010 liegen noch nicht vor. Für 2011 hat die Geschäftsführung der Adler-Gruppe ein Umsatzziel von mehr als 500 Millionen Euro genannt. (10)

Vaude - Vorbild in Sachen Umwelt

Der Bergsportspezialist Vaude will als Europas

umweltfreundlichster Outdoor-Ausrüster ein Vorbild für die gesamte Branche werden. Das Thema Umwelt ist bereits seit Jahren etabliert beim Familienunternehmen. Vaude hat nun mit "Green Shape" ein eigenes Gütesiegel für Produkte, die besonders umweltfreundlich hergestellt sind. Sie müssen zu 90 Prozent aus Biobaumwolle oder recycelten Materialen bestehen, ein spezielles Färbeverfahren durchlaufen und dem Umweltstandard Bluesign entsprechen. Die Kollektion Winter 2011/12 soll bereits 30 Prozent Green-Shape-Produkte enthalten, in fünf Jahren sollen es 75 Prozent sein.
In Deutschland arbeiten 560 Beschäftigte für Vaude und die Hartwarenmarke Edelrid, international sind es 1 500. (11)

Pyua - entwickelt Recyclingsystem für Funktionsbekleidung

Hersteller von Funktionskleidung sind auf Kunststoffe wie beispielsweise Polyester angewiesen und Recycling wird in dem Zusammenhang immer wichtiger. Zusammen mit Verwertern hat die Firma Pyua nun ein Recyclingsystem entwickelt, das Outdoor-Kleidung, die in Altkleidercontainern landet, erfasst und im Rahmen der eigenen Produktion wiederverwendet. Pyua punktete bereits mit einer eigenen Sportkollektion, die zu hundert Prozent recycelt werden kann. (12)

Zahlen & Fakten

Abbildung 1: Top 7 Unternehmen im Outdoormarkt nach Umsatz 2009

Rang	Unternehmen	Land	Umsatz 2009 in Mio. Euro
1	North Face	USA	1 002
2	Jack Wolfskin	Deutschland	251
3	Patagonia	USA	243
4	Mammut	Schweiz	171
5	Salewa	Italien	153
6	Schöffel Sportbekleidung GmbH	Deutschland	80
7	Vaude	Deutschland	75

Quelle: FAZ-Archiv, Gesellschaft für Konsumforschung (GfK), NPD Sports Tracking Europe Entnommen aus: FAKT Markt- und Branchenstatistiken, D: Markt für Sportartikel 2008-2009, (13)

Abbildung 2: 2010: Top 5 Unternehmen im Markt für Outdoor-Produkte nach Umsatz

Rang	Unternehmen	in Mio. Euro *
1	Intersport Deutschland eG	600
2	Globetrotter Ausrüstung Denart & Lechhart GmbH	250
3	Sport 2000	200
4	Karstadt Warenhaus GmbH	80
5	Kaufhof Warenhaus Aktiengesellschaft	70
	Andere	circa 600
	Gesamtmarkt	1 800

* Werte teilweise gerundet, geschätzt. Quelle: Die Welt auf Basis Intersport Entnommen aus: FAKT, Markt- und Branchenstatistiken, D: Markt für Outdoor und Sportartikel 2008-2010, (14)

Weiterführende Literatur

(1) Outdoor
aus TextilWirtschaft 29 vom 21.07.2011 Seite 116 bis 120

(2) Warmes Frühjahr lässt Outdoor-Erlöse

schrumpfen
aus TextilWirtschaft 29 vom 21.07.2011 Seite 014

(3) Zurück zur Natur
aus werben & verkaufen Nr. 27 vom 07.07.2011, S. 14

(4) Auf zu neuen Gipfeln Outdoor
aus EURO, 22.09.2010, Nr. 10 - 30; 32; 34

(5) Der Mega- Deal
aus TextilWirtschaft 24 vom 16.06.2011 Seite 004 bis 005

(6) Adidas kauft Outdoor-Marke Five Ten / Rekordergebnis im 3. Quartal
aus horizont.net vom 03.11.2011

(7) Findos Investor übernimmt Maier Sports
aus www.textilwirtschaft.de vom 27.07.2011

(8) Blackstone übernimmt Jack Wolfskin
aus www.textilwirtschaft.de vom 21.07.2011

(9) Outdoor-Anbieter starten CSR-Projekt
aus TextilWirtschaft 28 vom 14.07.2011 Seite 063

(10) Adler bringt Outdoor-Kollektion in die Läden
aus www.textilwirtschaft.de vom 17.03.2011

(11) Recycelt auf den Berg
aus TextilWirtschaft 08 vom 24.02.2011 Seite 031

(12) Bunte Schneehasen
aus TextilWirtschaft 08 vom 24.02.2011 Seite 031

(13) International, D: Markt für Sportartikel 2008-2009 aus Frankfurter Allgemeine Zeitung, 21.01.2011, S. 19

(14) D: Markt für Outdoor und Sportartikel 2008-2010 aus Werben und Verkaufen, 27/2011, S. 14

Impressum

Outdoor - vom Spezialisten- zum Massenmarkt

Bibliografische Information der deutschen Nationalbibliothek

Die Deutsche Nationalbibliothek verzeichnet diese Publikation in der deutschen Nationalbibliografie; detaillierte bibliografische Daten sind im Internet über http://dnb.d-nb.de abrufbar.

ISBN: 978-3-7379-2912-7

© 2015 GBI-Genios Deutsche Wirtschaftsdatenbank GmbH, Freischützstraße 96, 81927 München, www.genios.de

Alle Rechte vorbehalten. Dieses Werk ist einschließlich aller seiner Teile – z.B. Texte, Tabellen und Grafiken - urheberrechtlich geschützt. Jede Verwertung außerhalb der Grenzen des Urheberrechtsgesetzes bedarf der vorherigen Zustimmung des Verlags. Dies gilt insbesondere auch für auszugsweise Nachdrucke, fotomechanische Vervielfältigungen (Fotokopie/Mikroskopie), Übersetzungen, Auswertungen durch Datenbanken oder ähnliche Einrichtungen und die Einspeicherung und Verarbeitung in elektronischen Systemen.